VERONIKA, DER LENZ IST DA!

UND NICHT NUR DER, AUCH ERDBEEREN UND SPARGEL gibt es jetzt bis zum Abwinken. Aber das wollen wir ja gar nicht, im Gegenteil: Wir wollen jeden Tag nutzen, solange diese Köstlichkeiten erntefrisch auf den Markt kommen, denn die Saison ist kurz. Ob gebraten oder gekocht, Spargel ist immer ein Gaumenschmaus. Der weiße Spargel kommt meist klassisch daher, lässt sich bei uns aber gern auch mal vernaschen als Spargeloni, Speck-Spargel oder – wunderbar anders – mit Curry. Dem grünen Spargel mit seinem besonders kräftigen Aroma darf man ruhig mal Knoblauch, Pfefferschoten oder Paprika an die Seite geben oder man mischt ihn mit weißem Spargel wie bei dem gerollten Spargelschnitzel. Bei der köstlichen Erdbeer-Vinaigrette zum Spargel kommt endlich die Erdbeere ins Spiel, und wenn die Beeren erst mal los sind, geht es richtig rund mit Joghurt-Tiramisu, rot-weißem Erdbeertraum oder andalusischen Erdbeeren – einfach beerenstark! Sagen Sie nicht, wir hätten Sie nicht gewarnt!

Ihre Redaktion »essen & trinken Für jeden Tag«

Spargel mit Erdbeer-Vinaigrette

Leicht und ungewöhnlich: Spargel und Erdbeeren auf einem Teller vereint. Unbedingt ausprobieren!

Für 2 Portionen:

- 750 g weißer Spargel
- 1 Tl Zucker
- Salz
- 200 g Erdbeeren
- 4 El Orangensaft
- 1–2 El Rotweinessig
- 4 El Rapsöl
- 3 Stiele Basilikum
- 1 Tl grüner Pfeffer (abgetropft, Glas)
- 1 El Öl

1 Spargel schälen, holzige Enden abschneiden und die Stangen mit Küchengarn zu 2 Bündeln zusammenbinden. Spargel und Zucker in reichlich kochendes Salzwasser geben und aufkochen lassen. Zugedeckt auf der ausgeschalteten Herdplatte 12–15 Min. gar ziehen lassen, sodass der Spargel noch Biss hat. Die Bündel herausheben, Garn entfernen und den Spargel abschrecken. Herausheben und abtropfen lassen.

2 Erdbeeren kurz in stehendem kaltem Wasser waschen und abtropfen lassen. Erdbeeren putzen, 100 g fein würfeln. Restliche Erdbeeren, Orangensaft, Essig, Salz und Rapsöl mit dem Schneidstab pürieren. Basilikumblättchen abzupfen und in feine Streifen schneiden. Pfeffer fein hacken. Beides mit den Erdbeerwürfeln unter die Vinaigrette mischen.

3 Spargel trockentupfen. Öl in einer Grillpfanne stark erhitzen, Spargel darin rundherum 2–3 Min. braten, bis sich Grillstreifen bilden. Auf 2 Teller verteilen, Erdbeer-Vinaigrette darübergeben und vor dem Servieren 20 Min. marinieren.

* **Zubereitungszeit:** 45 Minuten (plus Marinierzeit)
Pro Portion: 6 g E, 25 g F, 12 g KH = 306 kcal (1287 kJ)

3

Erdbeer-Baiser

Schöne Schichtarbeit: Erdbeeren in Erdbeer-Vanillesauce mit Schlagsahne und süßen Baisers ergeben zusammen ein Dessert für alle Sinne

Für 2 Portionen: 1 300 g **Erdbeeren** waschen, putzen und vierteln. 100 g Erdbeeren, 2 El **Zitronensaft** und 20 g **Puderzucker** fein pürieren. Mit 1 El **Dessertsaucenpulver Vanille** (ohne Kochen) anrühren, gut verrühren, übrige Erdbeeren untermischen und 5 Min. kalt stellen. **2** 150 ml **Schlagsahne** steif schlagen. 20 g **Baiser** grob zerbröseln. Mit dem Erdbeerpüree und der Sahne in Gläser schichten und evtl. mit je 1 Erdbeere garniert servieren.

* **Zubereitungszeit:** 15 Minuten **Pro Portion:** 3 g E, 23 g F, 35 g KH = 368 kcal (1544 kJ)

Erdbeerkaltschale

Fruchtig und frisch: An heißen Tagen ist das eiskalte Süppchen mit Minze und Limette eine Wohltat

Für 2 Portionen: 1 500 g **Erdbeeren** waschen, abtropfen lassen und putzen. 150 g Erdbeeren in Stücke schneiden. 1 **Bio-Limette** heiß waschen. 2 Tl Schale abreiben, 3 El Saft auspressen. Von 3 Stielen **Pfefferminze** die Blätter abzupfen und grob schneiden. **2** 350 g Erdbeeren, Limettensaft und -schale, 2 El **Zucker** und 4 **Eiswürfel** im Mixer pürieren. Minze ganz kurz mitpürieren. Erdbeerpüree auf 2 Schalen verteilen. Erdbeerstückchen daraufgeben. **3** 40 g **Baiser** zerbröseln, Kaltschale damit bestreuen und sofort servieren.

* **Zubereitungszeit:** 20 Minuten **Pro Portion:** 3 g E, 1 g F, 52 g KH = 246 kcal (1030 kJ)

Pikanter Strudel

Mit dieser gebackenen Teigrolle lösen Sie einen Strudel der Gefühle aus, zum Beispiel Appetit und Genuss – vor allem aber Freude am Essen

Für 6 Portionen:
250 g grüner Spargel
Salz
400 g Weißkohl
40 g Butter
Pfeffer
250 g Quark (20 %)
2 Eier (Kl. M)
1 Eigelb (Kl. M)
1 El Mehl
geriebene Muskatnuss
2 Blätter TK-Strudelteig (oder TK-Filoteig, 40 x 40 cm)
2 El Semmelbrösel
3 El Milch

1 Den Spargel im unteren Drittel schälen, holzige Enden abschneiden. In kochendem Salzwasser 4 Min. garen, abgießen und abschrecken. Stangen in 5 cm lange Stücke schneiden. Kohl putzen und ohne den harten Strunk in Streifen schneiden. In einem Topf Kohl in 20 g Butter 10 Min. dünsten. Salzen, pfeffern und mit dem Spargel mischen.

2 Quark, Eier, Eigelb und Mehl mit Salz, Pfeffer und Muskat verrühren. Kohl und Spargel untermischen.

3 20 g Butter schmelzen. Ein Strudelblatt auf ein bemehltes Tuch legen und mit der Hälfte der Butter bestreichen. 2. Blatt auflegen, restliche Butter daraufstreichen und mit Semmelbröseln bestreuen.

4 Füllung auf der unteren Hälfte der Teigblätter verteilen und mithilfe des Tuchs aufrollen.

5 Enden einklappen, den Strudel auf ein mit Backpapier ausgelegtes Blech legen. Mit Milch bestreichen und im vorgeheizten Ofen bei 200 Grad (Umluft 180 Grad) auf der 2. Schiene von unten 30–35 Min. backen.

* **Zubereitungszeit:** 1 Stunde
Pro Portion: 13 g E, 13 g F, 33 g KH = 308 kcal (1293 kJ)

Rot-weißer Erdbeertraum

Süße Versuchung: Mit diesem eiskalten Erdbeersorbet und weißer Schokolade wird auch die stärkste Hitzewelle zum Vergnügen

Für 2 Portionen:
250 g Erdbeeren
100 ml Orangensaft
1 Tl Puderzucker
100 g weiße Kuvertüre
100 ml Schlagsahne

1 Erdbeeren waschen, putzen und vierteln. 8 Spalten beiseitelegen, die übrigen auf einem mit Klarsichtfolie bespannten Teller mind. 1 Std. einfrieren. Dann mit Orangensaft und Puderzucker in ein hohes Gefäß geben und 10 Min. antauen lassen.

2 Inzwischen die Kuvertüre grob hacken. Einige feine Brösel beiseitestellen und die übrige Kuvertüre in einer Metallschüssel im heißen Wasserbad schmelzen. Sahne halb steif schlagen und unter die lauwarme Kuvertüre heben.

3 Die Erdbeer-Orangensaft-Mischung mit dem Schneidstab fein zu einem Sorbet pürieren und mit der Schokoladensauce anrichten. Mit den Erdbeerspalten und den Kuvertürebröseln garniert servieren.

* **Zubereitungszeit:** 30 Minuten (plus Kühlzeit)
Pro Portion: 5 g E, 33 g F, 42 g KH = 500 kcal (2100 kJ)

SCHNELL GELÖST

Damit die Erdbeeren sich nach dem Einfrieren leicht vom Teller lösen lassen, bespannen Sie ihn mit Klarsichtfolie.

Speck-Spargel

Herzhaft: weißer Spargel mit Eiern und Butter überbacken. Die Würze garantieren Bacon-Scheiben, die obenauf liegen

Für 2 Portionen:

750 g weißer Spargel
Salz
2 Bio-Zitronenscheiben
Zucker
1 El Butter
2 Eier (Kl. M)
Pfeffer
3 Scheiben Bacon
1–2 El Schnittlauchröllchen

1 Spargel schälen, holzige Enden abschneiden und in reichlich kochendem Salzwasser mit Zitronenscheiben, 1 Prise Zucker und Butter 8 Min. garen.

2 Eier verquirlen und mit Salz und Pfeffer würzen. Bacon quer halbieren.

3 Spargel aus dem Wasser nehmen, abtropfen lassen und in eine Auflaufform (25 x 15 cm) geben. Mit der Eiermasse übergießen und den Bacon darauflegen. Im vorgeheizten Ofen bei 220 Grad auf der mittleren Schiene 15–20 Min. backen (Umluft nicht empfehlenswert). Mit Schnittlauch bestreut servieren.

* **Zubereitungszeit:** 45 Minuten
Pro Portion: 16 g E, 19 g F, 5 g KH = 266 kcal (1122 kJ)

Erdbeer-Kiwi-Salat

Wer seine Mittagspause mit diesem erfrischenden Salat verschönern möchte, nimmt statt der Sauce einen Becher fertigen Zitronenjoghurt mit

Für 1 Portion: 1 1 **Kiwi** schälen und in Spalten schneiden. 150 g **Erdbeeren** putzen, waschen und vierteln. 1 **Milchbrötchen** fein würfeln, in 20 g **Butter** hellbraun rösten. Mit 1 Pk. **Bourbon-Vanillezucker** bestreuen, hellbraun karamellisieren und aus der Pfanne nehmen. 150 g **Magerjoghurt** mit 2–3 El **Orangensaft** mischen. **2** Kurz vor dem Verzehren Kiwis und Erdbeeren mit den Brotwürfeln und der Joghurtsauce mischen.

* **Zubereitungszeit:** 25 Minuten **Pro Portion:** 12 g E, 19 g F, 53 g KH = 446 kcal (1868 kJ)

Erdbeerquark

So simpel und trotzdem so lecker: Cremig-zarter Quark und fruchtige Erdbeeren geben einen leichten Vorgeschmack auf den Sommer

Für 2 Portionen: 1 250 g **Erdbeeren** waschen, putzen und gut trockentupfen. 50 g mit einer Gabel zerdrücken. Die übrigen Erdbeeren längs in Scheiben schneiden. **2** 250 g **Magerquark**, 2 Pk. **Vanillezucker**, 1 Tl **Bio-Zitronenschale** und die zerdrückten Erdbeeren mit einem Schneebesen verrühren. 100 ml **Schlagsahne** mit den Quirlen des Handrührers steif schlagen und unterheben. Einige Erdbeerscheiben beiseitelegen, die restlichen Scheiben untermischen. Mit **Zitronenmelisse** und einigen Erdbeerscheiben garnieren.

* **Zubereitungszeit:** 20 Minuten **Pro Portion:** 19 g E, 15 g F, 21 g KH = 308 kcal (1290 kJ)

Spargel-Rauke-Salat

Entschlacken auf die edle Art mit zartem, weißem Spargel, Rauke-Tomaten-Vinaigrette und gebratenen Garnelen

Für 2 Portionen:
800 g weißer Spargel
Salz
1 Tl Butter
½ Tl Zucker
80 g Rauke
150 g reife Tomaten
3 El Weißweinessig
4 El Olivenöl
2 El Walnussöl
Pfeffer
8 Garnelen (roh, ohne Kopf und Schale, à ca. 30 g)

1 Spargel schälen und die holzigen Enden abschneiden. Stangen in kochendem Salzwasser mit der Butter und dem Zucker in 10–14 Min. bissfest garen (je nach Dicke der Stangen). Vorsichtig abgießen, dabei 8 El vom Sud aufbewahren. Rauke putzen, waschen und trockenschleudern. 3 El Rauke sehr fein hacken.

2 Tomaten vierteln, entkernen und ca. ½ cm groß würfeln. Weißweinessig, Spargelsud, 2 El Olivenöl, Walnussöl, etwas Salz und Pfeffer verquirlen. Gehackte Rauke und Tomaten unterheben. Die Hälfte über den Spargel geben und beiseitestellen.

3 Garnelen längs am Rücken einschneiden, entdarmen, waschen und trockentupfen. 2 El Olivenöl in einer beschichteten Pfanne erhitzen. Garnelen darin bei mittlerer Hitze 3–4 Min. braten, salzen und pfeffern. Restliche Rauke mit der übrigen Tomaten-Vinaigrette mischen, mit dem Spargel und den Garnelen anrichten und sofort servieren.

* **Zubereitungszeit:** 40 Minuten
  Pro Portion: 30 g E, 32 g F, 11 g KH = 456 kcal (1914 kJ)

Toastwaffel-Sandwich

Ein Sandwich zum Nachtisch? Aber sicher – aus Waffeln und Erdbeersalat, Erdbeersauce und Erdbeereis

Für 4 Portionen: 1 200 g **Erdbeer-Vanille-Eis** in vier 2 cm dicke Scheiben schneiden und erneut auf einem Teller mit Klarsichtfolie einfrieren. 400 g **Erdbeeren** putzen, 200 g mit 1 El **Zitronensaft** und 30 g **Zucker** fein pürieren. Übrige Erdbeeren in dünne Scheiben schneiden. **2** 4 **Toastwaffeln** nach Packungsanweisung aufbacken. Waffeln halbieren. Je 4 Stücke mit dem Eis, etwas Erdbeersauce und den Erdbeerscheiben bedecken. Übrige Waffelstücke daraufsetzen. Mit 1 El **Puderzucker** bestäuben. Die restliche Sauce dazu servieren.

* **Zubereitungszeit:** 25 Minuten **Pro Portion:** 4 g E, 23 g F, 26 g KH = 328 kcal (1370 kJ)

Erdbeeren in Erdbeerpüree

Erdbeeriger geht's nicht: Erdbeeren sozusagen mit sich selbst gewürzt. Genießer knuspern dazu Amaretti, Mandelkekse aus Italien

Für 2 Portionen: 1 500 g **Erdbeeren** waschen, putzen und halbieren. Die Hälfte der Beeren mit 1 El **Zitronensaft**, 2 El **Puderzucker** und 2 El **Erdbeerlikör** (oder Erdbeersirup) fein pürieren. Übrige Erdbeerhälften mit 1 Pk. **Vanillezucker** mischen, 10 Min. ziehen lassen. **2** Erdbeeren und Püree in 2 Schälchen schichten. Mit eiskalter, halb steif geschlagener **Schlagsahne** und **Amaretti** servieren.

* **Zubereitungszeit:** 20 Minuten **Pro Portion:** 2 g E, 1 g F, 31 g KH = 161 kcal (676 kJ)

Huhn aus dem Ofen

Federleicht: im Ofen gedünstetes Hähnchenbrustfilet auf einem Bett aus Spargel, Tomaten und Rosmarin

Für 2 Portionen:

500 g weißer Spargel

16 Kirschtomaten (ca. 250 g)

2 Hähnchenbrustfilets (à 175 g)

Salz

1 El Olivenöl

Zucker

2 Zweige Rosmarin

schwarzer Pfeffer

1 Spargel schälen, holzige Enden abschneiden und die Stangen in ca. 3 cm lange Stücke schneiden. Kirschtomaten waschen. Hähnchenbrustfilets salzen.

2 Olivenöl in einer Pfanne erhitzen. Spargel darin kurz andünsten, mit Salz und 1 kräftigen Prise Zucker würzen. Hähnchen und Rosmarin darauflegen, 5 El Wasser zugeben. Kirschtomaten in der Pfanne verteilen.

3 Zugedeckt im vorgeheizten Ofen bei 200 Grad (Umluft 180 Grad) auf der 2. Schiene von unten 12–15 Min. garen, 5 Min. vor Ende der Garzeit offen weitergaren. Mit etwas grob gemahlenem Pfeffer bestreuen.

* **Zubereitungszeit:** 35 Minuten
Pro Portion: 46 g E, 7 g F, 9 g KH = 280 kcal (1180 kJ)

Silit

Joghurt-Tiramisu mit Erdbeeren

Es könnte gut sein, dass Sie ein normales Tiramisu nicht mehr anrühren, so viel frischer und köstlicher ist dieses

Für 4 Portionen:

- 250 g griechischer Sahnejoghurt (10 %)
- 100 g Zucker
- 50 ml Orangensaft
- 50 ml Weißwein
- 500 g Erdbeeren
- 12 Löffelbiskuits
- 150 ml Schlagsahne
- ½ Pk. Sahnefestiger
- 1 El Puderzucker

1 Joghurt in einem Sieb, das mit einem Mulltuch ausgelegt ist, 15 Min. abtropfen lassen. Joghurt mithilfe des Tuchs stark ausdrücken. 80 g Zucker mit Orangensaft und Weißwein aufkochen, abkühlen lassen. Erdbeeren waschen, putzen und vierteln. 100 g Erdbeeren mit restlichem Zucker pürieren und durch ein Sieb streichen.

2 Löffelbiskuits auf 4 Teller verteilen und mit dem Zucker-Orangen-Sirup beträufeln, bis sie den Sirup aufgesogen haben. Sahne mit Sahnefestiger steif schlagen. Joghurt mit Puderzucker verrühren und die Sahne unterheben. Erst die Joghurtcreme, dann die Erdbeeren auf den Löffelbiskuits verteilen.

3 Vor dem Servieren das Erdbeerpüree über die frischen Erdbeeren träufeln.

* **Zubereitungszeit:** 45 Minuten
Pro Portion: 7 g E, 20 g F, 56 g KH = 449 kcal (1881 kJ)

SO WIRD'S GLATT
Drücken Sie das Erdbeerpüree mit einer Kelle durch ein Sieb, dann bleiben die kleinen Körnchen draußen.

Orangen-Spargel

Spargel und Orange passen zusammen wie Tomaten und Balsamessig. Kerbel rundet den Geschmack des edlen Gemüses ab

Für 2 Portionen: 1 500 g **weißen Spargel** schälen, holzige Enden abschneiden und die Stangen in ca. 3 cm breite schräge Stücke schneiden. In 2 El **Butter** andünsten. Mit 1 Tl **Zucker** bestreuen, mit Salz und Pfeffer würzen. 100 ml **Orangensaft** und 5 El **Gemüsebrühe** zugeben.
2 Zugedeckt bei mittlerer Hitze 4 Min. garen, dann weitere 4–5 Min. offen garen, bis die Flüssigkeit etwas eingekocht ist. 4 El **Kerbelblättchen** grob hacken, mit 1 Tl **Bio-Orangenschale** zum Spargel geben, evtl. nachwürzen.

* **Zubereitungszeit:** 25 Minuten **Pro Portion:** 4 g E, 13 g F, 12 g KH = 184 kcal (774 kJ)

Spargelsalat

So viel Abwechslung auf einem Teller: Frischer Spargel harmoniert mit Garnelen, aromatischen Tomaten und würzigem Basilikum

Für 4 Portionen: 1 500 g **weißen Spargel** schälen, holzige Enden abschneiden und den Spargel in 4 cm lange Stücke schneiden. In kochendes Salzwasser geben und bei mittlerer Hitze 10 Min. garen. Aus dem Wasser nehmen. 150 ml Spargelsud mit 2 El **Weißweinessig**, Salz, Pfeffer und 1 Prise Zucker würzen. Den warmen Spargel in den Sud geben und 30 Min. durchziehen lassen. **2** 1 **Schalotte** fein würfeln, 200 g kleine **Strauchtomaten** vierteln. Zusammen mit 2 El **Öl** unter den Spargel mischen. **3** 150 g aufgetaute **TK-Garnelen** (ohne Kopf und Schale) in einer Pfanne in 2 El heißem **Öl** 1–2 Min. anbraten. Mit Salz und Pfeffer würzen und warm über den Salat streuen. Mit einigen **Basilikumblättchen** bestreuen.

* **Zubereitungszeit:** 30 Minuten (plus Zeit zum Durchziehen)
Pro Portion: 9 g E, 10 g F, 4 g KH = 152 kcal (634 kJ)

Erdbeer-Cappuccino-Torte

Schnell zugreifen, sonst ist sie weg. Die Torte aus Kaffeecreme und frischen Erdbeeren auf Mürbeteig hat einen hohen Suchtfaktor

Für 12 Stücke:

300 g Mehl

120 g Puderzucker

1 Pk. Vanillezucker

175 g kalte Butter in kleinen Stücken

1 Ei (Kl. M)

3 Blatt Gelatine

500 ml Milch

1 Pk. Vanillepuddingpulver

3–4 Tl lösliches Espressopulver

100 g Zucker

750 g Erdbeeren

250 ml Schlagsahne

2 El Puderzucker

1 Mehl, 120 g Puderzucker, Vanillezucker, Butter und Ei mit den Knethaken des Handrührers zu einem glatten Teig verarbeiten, 30 Min. kalt stellen. Teig ausrollen (32 cm Ø) und eine Obstkuchenform (26 cm Ø) damit auslegen. Teig am Rand gut andrücken. Mit einer Gabel mehrmals einstechen, im vorgeheizten Ofen bei 190 Grad (Umluft 170 Grad) auf der mittleren Schiene 16–18 Min. backen. Kurz ruhen lassen, aus der Form nehmen.

2 Gelatine in kaltem Wasser einweichen. 6 El Milch und Puddingpulver verrühren. Restliche Milch, Espressopulver und Zucker in einem Topf aufkochen. Angerührtes Puddingpulver einrühren und unter Rühren einmal aufkochen. Beiseitestellen. Gelatine ausdrücken und einrühren. Mit Klarsichtfolie bedeckt kalt stellen.

3 Erdbeeren putzen, ⅓ halbieren, den Rest in Scheiben schneiden. Sahne steif schlagen. Den kalten Pudding mit den Quirlen des Handrührers glatt rühren. Sahne unterheben. Creme auf dem Teigboden verteilen. Den Rand mit Erdbeerhälften, den Rest mit Erdbeerscheiben belegen. 2 Std. kalt stellen. Mit 2 El Puderzucker bestäubt servieren.

* **Zubereitungszeit:** 50 Minuten (plus Kühlzeit)
Pro Stück: 5 g E, 20 g F, 47 g KH = 398 kcal (1665 kJ)

Grünes Frikassee

Schnell und gesund: Hähnchenfleisch, grünes Gemüse und Kräuter ergeben ein fantasievolles Frikassee

Für 4 Portionen:

500 g gegartes Hähnchenfleisch

500 g grüner Spargel

1 Zwiebel

40 g Butter

1 Tl Zucker

400 ml Hühnerbrühe

300 g TK-Erbsen

4 Tl Speisestärke

1 Bund Kerbel (oder ½ Bund glatte Petersilie)

150 g Crème fraîche

2 Eigelb (Kl. M)

Zitronensaft

Salz

Pfeffer

1 Fleisch in 2 cm große Würfel schneiden. Spargel im unteren Drittel schälen und schräg in 4 cm lange Stücke schneiden. Zwiebel fein würfeln.

2 Butter in einem Topf erhitzen, Zwiebeln darin bei mittlerer Hitze glasig dünsten. Spargel zugeben und 2 Min. mitdünsten. Spargel mit Zucker bestreuen, den Zucker schmelzen lassen. Brühe zugeben, zugedeckt aufkochen und bei milder Hitze 4 Min. kochen.

3 Erbsen zugeben, zugedeckt aufkochen und bei milder Hitze weitere 2 Min. kochen lassen. Gemüse in ein Sieb gießen, Brühe dabei auffangen. Gemüse warm stellen.

4 Brühe aufkochen. Stärke mit 3 El kaltem Wasser verrühren, unter Rühren in die Brühe geben und aufkochen. Kerbelblättchen abzupfen, mit Crème fraîche, Eigelben und 1 Suppenkelle Brühe pürieren. Unter Rühren zur restlichen Brühe geben. Hähnchenfleisch und Gemüse darin erwärmen, jedoch nicht mehr kochen lassen. Mit etwas Zitronensaft, Salz und Pfeffer abschmecken. Dazu passt Reis.

* **Zubereitungszeit:** 35 Minuten
Pro Portion: 37 g E, 30 g F, 19 g KH = 497 kcal (2082 kJ)

Eis auf Cassis-Erdbeeren

Sommerliche Variante zu Eis mit heißen Himbeeren: mit Erdbeeren und Crème de Cassis – ein Blitzdessert, das sich schmecken lässt

Für 4 Portionen:

500 g Erdbeeren

100 g schwarze Johannisbeerkonfitüre

4 El schwarzer Johannisbeerlikör (z. B. Crème de Cassis)

½ Tl abgeriebene Bio-Orangenschale

2 El Orangensaft

500 ml Vanilleeis

1 Erdbeeren waschen, putzen und vierteln. Vorsichtig mit Konfitüre, Likör, Orangenschale und Orangensaft mischen. 15 Min. marinieren.

2 Aus dem Eis Kugeln abstechen, in Dessertschälchen füllen und mit den Cassis-Erdbeeren anrichten. Dazu passen Schlagsahne und Eiswaffeln.

* **Zubereitungszeit:** 15 Minuten (plus Marinierzeit)
Pro Portion: 5 g E, 8 g F, 44 g KH = 304 kcal (1281 kJ)

Spargelragout

Im Mai geht einfach nichts über frischen Spargel. Deshalb verwenden wir gleich weißen und grünen und krönen das Ganze mit Morcheln

Für 2 Portionen: 1 10 g **getrocknete Morcheln** in heißem Wasser etwa 15 Min. einweichen. **2** Inzwischen 250 g **weißen Spargel** schälen. Die Enden vom weißen Spargel und von 250 g **grünem Spargel** abschneiden. Alle Stangen in 3 cm lange Stücke schneiden. 150 g kleine **Champignons** putzen. 300 g **Kohlrabi** schälen und in 1 cm dicke Stifte schneiden. 2 kleine **Zwiebeln** fein würfeln. **3** 20 g **Butter** in einem Topf erhitzen und die Zwiebeln darin glasig dünsten. Morcheln ausdrücken und dazugeben. Champignons hineingeben und zusammen 2 Min. andünsten. **4** Kohlrabi und Spargel zugeben und 1 Min. weiterdünsten. 100 ml **Weißwein** und 100 ml **Gemüsebrühe** dazugeben und 7 Min. köcheln lassen. **5** Gemüse herausnehmen und beiseitestellen. Brühe bei starker Hitze auf die Hälfte einkochen, 100 ml **Schlagsahne** dazugeben. Einmal aufkochen und das Gemüse zusammmen mit 2 El gehacktem **Kerbel** in der Sauce erwärmen. Mit Salz und Pfeffer würzen.

* **Zubereitungszeit:** 30 Minuten **Pro Portion:** 7 g E, 23 g F, 8 g KH = 287 kcal (1205 kJ)

Spargelsalat mit Senf-Vinaigrette

Raffiniert und doch ganz einfach: Weißer und grüner Spargel wird mit einer Senf-Vinaigrette kombiniert. Frischer Kerbel setzt Akzente

Für 2 Portionen: **1** 250 g **weißen Spargel** schälen. 250 g **grünen Spargel** im unteren Drittel schälen. Bei beiden Sorten die Enden abschneiden. Die Spargelstangen quer dritteln. Weißen Spargel mit 1 Prise Zucker und 2 **Bio-Zitronenscheiben** in Salzwasser je nach Dicke 10–15 Min. kochen. Den grünen Spargel 5 Min. vor Ende der Garzeit zugeben. Spargel abgießen und dabei 100 ml vom Sud auffangen. **2** 1 **Schalotte** halbieren und in dünne Ringe schneiden. 1 El **mittelscharfen Senf**, 2 El **Zitronensaft**, 3 El **Öl**, Spargelsud, Salz und Pfeffer zu einer glatten Sauce verrühren. Mit den Schalotten über dem warmen Spargel verteilen. 15–20 Min. durchziehen lassen. **3** Von 3 Stielen **Kerbel** die Blättchen abzupfen und über dem Salat verteilen.

* **Zubereitungszeit:** 30 Minuten (plus Marinierzeit)
Pro Portion: 4 g E, 15 g F, 6 g KH = 186 kcal (782 kJ)

Erdbeer-Crossie-Torte

Knusper, knusper, knäuschen: Cornflakes, weiße Kuvertüre und zwei Dutzend Erdbeeren machen diese Torte zum süßen Sommerhit

Für 12 Stücke:

- 300 g weiße Kuvertüre
- 100 g Vollkornflakes
- 800 g Erdbeeren
- 1 Pk. roter Tortenguss mit Erdbeergeschmack
- 3 gestr. El Zucker
- Liebesperlen zum Verzieren

1 Für den Schoko-Crossie-Boden die Kuvertüre fein hacken und im heißen Wasserbad schmelzen. Die Vollkornflakes in einen Gefrierbeutel geben und mit der Teigrolle grob zerkleinern. Sorgfältig mit ⅔ der Kuvertüre mischen, in eine am Boden mit Backpapier ausgelegte Springform (24 cm Ø) geben, fest drücken und glatt streichen.

2 Erdbeeren putzen und waschen. Die Unterseite der Erdbeeren in die restliche Kuvertüre tauchen. Dicht an dicht auf den Schoko-Crossie-Boden setzen und 1 Std. kalt stellen.

3 Tortengusspulver mit dem Zucker und 250 ml Wasser nach Packungsanweisung zubereiten. Die Erdbeeren dünn mit dem Guss beträufeln und nach Belieben mit bunten Liebesperlen verzieren. Vor dem Servieren 10–15 Min. kalt stellen.

Tipp: Wegen des knusprigen Bodens die Torte am besten mit einem Elektromesser schneiden!

* **Zubereitungszeit:** 30 Minuten (plus Kühlzeit)
Pro Stück: 4 g E, 9 g F, 29 g KH = 215 kcal (912 kJ)

Salat mit Erdbeeren

Kross und zart zugleich: Dieser Salat besticht durch seine Kombination aus herzhaftem Speck und süßen Saisonfrüchten. Er wird Sie überraschen

Für 2 Portionen: 1 150 g **Baguette** der Länge nach in dünne Scheiben schneiden. 2 El **Olivenöl** mit 1 Tl **edelsüßem Paprikapulver** mischen. Die Brotscheiben damit einseitig bestreichen. Im vorgeheizten Ofen bei 200 Grad (Umluft 180 Grad) auf der 2. Schiene von unten goldbraun backen. **2** 150 g **durchwachsenen Speck** in dünnen Scheiben auf ein mit Backpapier ausgelegtes Blech legen und mit etwas flüssigem **Honig** beträufeln. Mit grob zerstoßenem Pfeffer bestreuen. Im Ofen auf der mittleren Schiene etwa 8 Min. knusprig braten. **3** 2 El **Himbeeressig**, 6 El **Olivenöl**, 1 Tl **Senf**, Salz und Pfeffer verrühren. 250 g **Erdbeeren** putzen, ⅓ davon in kleine Würfel schneiden und mit der Vinaigrette mischen. **4** 120 g jungen **Blattspinat** und ½–1 Kopf **hellgrünen Eichblattsalat** waschen und trockenschleudern. Mit den restlichen Erdbeeren, dem Brot und Speck auf 2 Tellern anrichten und mit der Vinaigrette beträufeln.

* **Zubereitungszeit:** 30 Minuten **Pro Portion:** 20 g E, 63 g F, 51 g KH = 857 kcal (3589 kJ)

Waldmeister-Mousse

Was sich aus einem Beutel grüner Götterspeise so alles zaubern lässt – zum Beispiel dieses sagenhafte Dessert

Für 4 Portionen: 1 200 ml Wasser und 6 El **Zucker** in einem Topf aufkochen, von der Herdplatte ziehen. 1 Beutel **Götterspeise mit Waldmeistergeschmack** einrühren, bis sich das Pulver vollständig aufgelöst hat. In eine Schüssel umfüllen und 300 ml kaltes Wasser unterrühren. Ca. 30 Min. unter gelegentlichem Rühren kalt stellen, bis die Flüssigkeit fest zu werden beginnt. **2** 250 ml **Schlagsahne** steif schlagen. Die Hälfte unter die Waldmeistermasse heben und weitere 15 Min. kalt stellen. Dann die restliche Sahne unterheben und die Masse in 4 Dessertschälchen (à ca. 200 ml Inhalt) füllen. Mind. 1 Std. kalt stellen. **3** 250 g **Erdbeeren** putzen und in Scheiben schneiden. 1 El **Puderzucker** und 1 El **Zitronensaft** verrühren und unter die Erdbeeren mischen. Ca. 10 Min. marinieren und zur Waldmeister-Mousse servieren.

Zubereitungszeit: 35 Minuten (plus Kühlzeiten)
Pro Portion: 6 g E, 19 g F, 38 g KH = 352 kcal (1478 kJ)

Spargelauflauf

Mit dem grünen Spargel wird der einfache Nudelauflauf richtig fein, macht aber nicht mehr Arbeit!

Für 2 Portionen:
100 g Rigatoni
Salz
2 Tomaten
200 g grüner Spargel
1 El Öl
4 Eier (Kl. M)
100 ml Schlagsahne
Pfeffer
100 g Bergkäse

1 Nudeln in reichlich kochendem Salzwasser nach Packungsanweisung garen. Inzwischen die Tomaten putzen und vierteln. Die Enden vom Spargel abschneiden und die Stangen quer dritteln.

2 Öl in einer Pfanne erhitzen und den Spargel darin rundherum 2 Min. anbraten. Spargel, Tomaten und die abgetropften Nudeln in 2 kleine (à 20 x 10 cm) oder 1 große Auflaufform (20 x 20 cm) geben. Eier, Sahne, ½–1 Tl Salz und 1 Prise Pfeffer verquirlen und darübergießen. Den Käse raspeln und über den Auflauf streuen.

3 Im vorgeheizten Ofen bei 180 Grad (Umluft 160 Grad) auf der 2. Schiene von unten 20–30 Min. überbacken.

* **Zubereitungszeit:** 35 Minuten
  Pro Portion: 38 g E, 50 g F, 39 g KH = 761 kcal (3192 kJ)

Erdbeer-Biskuitrolle

Das Sonntags-Kaffeetrinken von seiner schönsten Seite: glückliches Beisammensein bei gefüllter Biskuitrolle mit Sahne und Erdbeeren

Für 12 Stücke:

- 3 Eier (Kl. M, getrennt)
- Salz
- 150 g Zucker (plus Zucker für das Tuch)
- 1 Tl abgeriebene Bio-Zitronenschale
- 100 g Mehl
- 20 g Speisestärke
- ½ Tl Backpulver
- 600 g Erdbeeren
- 500 ml Schlagsahne
- 2 Pk. Vanillezucker
- 2 Pk. Sahnefestiger

1 Ein Blech (40 x 30 cm) mit Backpapier auslegen. Eiweiße mit 1 Prise Salz und 3 El kaltem Wasser mit den Quirlen des Handrührers steif schlagen. 120 g Zucker nach und nach unter Schlagen einrieseln lassen und 3 Min. weiterschlagen. Zitronenschale und Eigelbe kurz auf langsamer Stufe unterrühren. Mehl, Stärke und Backpulver daraufsieben und unterheben.

2 Teig auf das Blech streichen. Im vorgeheizten Ofen bei 210 Grad auf der 2. Schiene von unten 8 Min. backen (Umluft 7 Min. bei 190 Grad). Sofort auf ein dünn mit Zucker bestreutes Geschirrtuch stürzen. Das Papier mit etwas kaltem Wasser bestreichen und abziehen. Teigplatte mithilfe des gezuckerten Tuchs aufrollen und abkühlen lassen.

3 400 g Erdbeeren waschen, putzen und in dünne Spalten schneiden. Sahne, Vanillezucker, restlichen Zucker und Sahnefestiger steif schlagen. Biskuit auseinanderrollen, ⅔ der Sahne auf die Platte streichen, dicht an dicht mit den Erdbeerspalten belegen, leicht in die Sahne drücken.

4 Erneut mithilfe des Tuchs aufrollen, mit übriger Sahne bestreichen. Restliche Erdbeeren putzen und halbieren. Biskuitrolle mit den Erdbeerhälften garnieren.

* **Zubereitungszeit:** 50 Minuten
Pro Stück: 4 g E, 14 g F, 28 g KH = 260 kcal (1090 kJ)

ZUCKER AUF DAS TUCH

Damit der Teig beim Aufrollen nicht am Geschirrtuch festklebt, bestreut man es dünn mit Zucker.

Drei Mal Spargel

Effektive Küchenarbeit: Verarbeiten Sie für unsere Rezepte 2,5 kg auf einmal – so treffen Sie für die nächsten Tage kulinarisch Vorsorge

Schritt 1: Spargel kochen
2,5 kg **Spargel** sorgfältig schälen und die holzigen Enden abschneiden. Schalen und Enden nicht wegwerfen, sondern beiseitestellen. Die geschälten Spargelstangen in reichlich kochendem Salzwasser mit 1 Prise Zucker und 2 El **Butter** je nach Dicke der Stangen 12–15 Min. garen.

Schritt 2: Stangen für den Salat marinieren (Rezept Seite 42)
Etwas weniger als die Hälfte der Spargelstangen schon 5 Min. vor Ende der Garzeit aus dem Wasser nehmen. Die Zitronen-Vinaigrette darübergeben und zugedeckt bis zum nächsten Tag marinieren.
Den restlichen Spargel aus dem Wasser nehmen und 6 Stangen für die Suppe beiseitelegen. Die verbleibenden Stangen mit brauner Butter, Schinken und Salzkartoffeln sofort servieren (siehe Rezept unten).

Schritt 3: Die Basis für die Suppe vorbereiten (Rezept Seite 45)
Spargelschalen und -enden waschen, in das Spargelwasser geben und 10 Min. kochen, dann 20 Min. ziehen lassen. Durch ein Sieb gießen und den Sud als Grundlage für die Suppe verwenden.

Spargel mit brauner Butter

Für 2 Portionen: 1 kg **Spargel** schälen und die holzigen Enden abschneiden. Spargelstangen in reichlich kochendem Salzwasser mit 1 Prise Zucker und 1 El **Butter** ca. 15 Min. garen. 200 g **Butter** in einem kleinen Topf bei mittlerer Hitze schmelzen und so lange erhitzen, bis sie hellbraun wird. Den Spargel aus dem Wasser heben und mit der braunen Butter und 300 g **gekochtem Schinken** anrichten. Mit **Kartoffeln** und 1–2 El **Schnittlauchröllchen** servieren.

* **Zubereitungszeit:** 25 Minuten **Pro Portion:** 36 g E, 90 g F, 9 g KH = 984 kcal (4128 kJ)

Mediterraner Spargelsalat

Nicht nur optisch ein Volltreffer: Dank Kirschtomaten, Schafskäse und viel Zitrone schmeckt er frisch, leicht und schön würzig

Für 2 Portionen:

1 kg weißer Spargel

Salz

Zucker

1 El Butter

1 Tl abgeriebene Bio-Zitronenschale

2–3 El Zitronensaft

Pfeffer

100 g Kirschtomaten

150 g Feta

3 El Olivenöl

3 Stiele Basilikum

1 Spargel schälen und die holzigen Enden abschneiden. Die Spargelstangen in reichlich kochendem Salzwasser mit 1 Prise Zucker und der Butter ca. 10 Min. bissfest garen. Den Spargel in eine rechteckige Form geben. 100 ml vom Spargelwasser abmessen.

2 Für die Vinaigrette Zitronenschale, -saft und Spargelwasser mit Salz, Pfeffer und 1 Prise Zucker verrühren. Über den Spargel gießen und mind. 30 Min. marinieren.

3 Kurz vor dem Servieren Tomaten vierteln und Feta zerbröseln. Öl unter den Spargel mischen. Mit Tomaten, Feta und einigen Basilikumblättchen bestreut servieren.

* **Zubereitungszeit:** 30 Minuten (plus Marinierzeit)
Pro Portion: 19 g E, 29 g F, 10 g KH = 388 kcal (1636 kJ)

Spargelsuppe mit Kokosmilch

Exotische Aromen stehen den weißen Stangen ganz ausgezeichnet: Hier geben Curry, Chili und Kokosmilch den Ton an

Für 2 Portionen:
250 g weißer Spargel
Salz
Zucker
1 Tl Butter
100 g Zuckerschoten
1 rote Chilischote
4 El Öl
1 Tl scharfes Currypulver
1 Tl Mehl
200 ml ungesüßte Kokosmilch
4 küchenfertige, geschälte rohe Garnelen (ohne Kopf, à ca. 30 g)

1 Spargel schälen und die holzigen Enden abschneiden. Die Spargelstangen in reichlich kochendem Salzwasser mit 1 Prise Zucker und der Butter 12–15 Min. garen. Spargel herausnehmen und 500 ml Spargelwasser abmessen.

2 Zuckerschoten schräg in ½ cm breite Streifen schneiden. Chilischote entkernen und in dünne Streifen schneiden.

3 2 El Öl in einem Topf erhitzen. ½ Tl Currypulver und Mehl zugeben und bei milder Hitze unter Rühren aufschäumen lassen. Mit dem Spargelwasser und der Kokosmilch ablöschen. Zuckerschoten und Chilischoten zugeben. Aufkochen und bei milder Hitze 5 Min. zugedeckt köcheln lassen. Mit Salz würzen. Den gegarten Spargel in 3 cm große Stücke schneiden und in die Suppe geben.

4 Die Garnelen mit ½ Tl Currypulver und Salz würzen. In 2 El heißem Öl auf jeder Seite 2 Min. braten und zur Suppe servieren.

* **Zubereitungszeit:** 40 Minuten
Pro Portion: 16 g E, 38 g F, 8 g KH = 443 kcal (1855 kJ)

Erdbeer-Milchreis

Werden Sie zum kulinarischen Schichtarbeiter – und erfreuen Sie sich an der perfekten Zusammenarbeit von Erdbeere und Milchreis

Für 2 Portionen: 1 500 g **Erdbeeren** waschen, gut abtropfen lassen und putzen. 100 g Erdbeeren mit 2 El **Zitronensaft** und 30 g **Puderzucker** fein pürieren. Die restlichen Erdbeeren vierteln und mit dem Püree mischen. **2** 120 ml **Schlagsahne** mit ½ Pk. **Sahnefestiger** und 1 Pk. **Vanillezucker** steif schlagen und unter 200 g fertigen **Milchreis** (Kühlregal) heben. Abwechselnd mit den Beeren in 2 Gläser schichten.

Zubereitungszeit: 20 Minuten **Pro Portion:** 7 g E, 22 g F, 55 g KH = 447 kcal (1880 kJ)

Erdbeer-Baileys-Torte

Auf den ersten Blick sieht die Torte ganz harmlos aus. Wer ihr auf den Grund geht, entdeckt die aromatische Creme aus Whiskey-Sahne-Likör

Für 12 Stücke: 1 300 ml **Milch** und 40 g **Zucker** aufkochen. 100 ml **Schlagsahne** und 1 Pk. **Vanillepuddingpulver** glatt rühren, in die kochende Milch rühren und erneut kurz aufkochen. 100 ml **Baileys** unterrühren. 1 **Biskuit-Obsttortenboden** (300 g) mit dem Pudding bestreichen und 20 Min. kalt stellen. **2** 750 g **Erdbeeren** waschen, putzen, halbieren und auf die lauwarme Creme legen.
¼ l **roten Traubensaft**, 2 El **Zucker** und 1 Pk. **roten Tortenguss** nach Packungsanweisung zubereiten. Über den Erdbeeren verteilen, 40 Min. kalt stellen. Mit 2 El **gehackten Haselnusskernen** bestreuen und mit 1 El **Puderzucker** bestäubt servieren.

* **Zubereitungszeit:** 30 Minuten (plus Kühlzeiten)
Pro Stück: 3 g E , 5 g F, 42 g KH = 240 kcal (1007 kJ)

Spargelpasta

Geschmacklich und optisch eine Glanzleistung: Der hauchfein geschnittene grüne Spargel setzt diesem Gericht die Krone auf

Für 2 Portionen:

- 200 g Tagliatelle
- Salz
- 250 g grüner Spargel
- 200 g Kirschtomaten
- 1 kleine Zwiebel
- 2 El Öl
- Pfeffer
- 100 ml Gemüsebrühe
- 200 ml Schlagsahne
- Zucker

1 Tagliatelle in reichlich kochendem Salzwasser nach Packungsanweisung garen, abgießen und abtropfen lassen.

2 Spargelstangen im unteren Drittel schälen und die Enden abschneiden. Die Stangen mit dem Sparschäler längs in dünne Streifen schneiden. Den Rest in dünne Scheiben schneiden. Tomaten halbieren und Zwiebel fein würfeln.

3 Öl in einer Pfanne erhitzen. Zwiebeln darin glasig dünsten. Spargel und Tomaten zugeben, salzen, pfeffern und 2 Min. mitbraten, dann aus der Pfanne nehmen. Bratensatz mit Brühe und Sahne ablöschen und 1 Min. einkochen. Mit Salz, Pfeffer und 1 Prise Zucker würzen. Nudeln und Gemüse untermischen, kurz erwärmen und sofort servieren.

* **Zubereitungszeit:** 30 Minuten
Pro Portion: 17 g E, 43 g F, 78 g KH = 773 kcal (3240 kJ)

GRÜNER SPARGEL

Besonders dekorativ sieht der Spargel aus, wenn man ihn mit dem Sparschäler in hauchdünne Streifen schneidet. Das verkürzt auch die Garzeit.

Muffin-Törtchen

Ein himmlisches Vergnügen: Mit Vanillesahne und Erdbeeren gefüllt, schmecken die leckeren Küchlein noch mal so gut

Für 12 Stück:

- 25 g Mohnsaat
- 250 g Mehl
- 3 Tl Backpulver
- Salz
- 2 Eier (Kl. M)
- 150 g Zucker
- 125 g weiche Butter
- 250 ml Buttermilch
- 2 Pk. Vanillinzucker
- 250 g Erdbeeren
- 250 ml Schlagsahne
- 1 Pk. Sahnefestiger
- 2 Tl Puderzucker

1 20 g Mohn mit Mehl, Backpulver und 1 Prise Salz in einer Schüssel mischen. In einer 2. Schüssel Eier und Zucker kurz glatt rühren. Butter kurz unterrühren. Buttermilch und die Mehlmischung unterrühren, bis die Zutaten gerade verbunden sind. Nicht zu lange rühren, da der Teig sonst nicht aufgeht.

2 Teig in ein gut gefettetes Muffinblech (12 Mulden) füllen. 1 Pk. Vanillinzucker und restlichen Mohn mischen und auf die Muffins streuen.

3 Im vorgeheizten Ofen bei 200 Grad (Umluft 180 Grad) auf der 2. Schiene von unten 20–25 Min. backen. Kurz in der Form lassen, dann herausstürzen und abkühlen lassen.

4 Erdbeeren waschen, putzen und längs in dünne Scheiben schneiden. Sahne, 1 Pk. Vanillinzucker und Sahnefestiger steif schlagen. Die abgekühlten Muffins waagerecht halbieren, mit der Sahne und den Erdbeeren füllen, den Deckel aufsetzen und mit Puderzucker bestäuben.

* **Zubereitungszeit:** 45 Minuten (plus Kühlzeit)
Pro Stück: 5 g E, 17 g F, 33 g KH = 309 kcal (1295 kJ)

Spargel mit Zander

Der Zander würde jubeln, wenn er noch könnte: Mit Spargel, Shrimps und Kerbel serviert, präsentiert sich der Fisch als nobles Festessen

Für 4 Portionen:

- 750 g weißer Spargel
- 3 El Butter
- Zucker
- Salz
- Pfeffer
- 250 ml Gemüsebrühe
- 4 Zanderfilets (mit Haut, à 150 g)
- 2 El Öl
- 100 g TK-Erbsen
- 100 g Tiefsee-Shrimps
- 100 ml Schlagsahne
- 2 Eigelb (Kl. M)
- 2–3 Tl Zitronensaft
- 2–3 El Kerbelblättchen

1 Spargel schälen und die holzigen Enden abschneiden. Die Stangen schräg halbieren. In 2 El Butter kurz andünsten, mit ½ Tl Zucker, Salz und Pfeffer würzen. Gemüsebrühe dazugießen, aufkochen und den Spargel zugedeckt bei mittlerer Hitze 10 Min. garen.

2 Zanderfilets salzen und pfeffern. Öl und restliche Butter in einer großen Pfanne erhitzen. Den Fisch darin zuerst ca. 3 Min. auf der Hautseite knusprig braten, dann wenden und bei milder Hitze 2 Min. weiterbraten.

3 Erbsen und Shrimps zum Spargel geben und kurz aufkochen. Sahne halb steif schlagen, mit den Eigelben mischen und zum Spargel geben. Erhitzen, aber auf keinen Fall aufkochen, da sonst das Eigelb gerinnt. Mit Salz, Pfeffer und Zitronensaft würzen. Mit Kerbel garniert auf Tellern anrichten.

* **Zubereitungszeit:** 35 Minuten
Pro Portion: 40 g E, 26 g F, 8 g KH = 438 kcal (1830 kJ)

Marinierte Erdbeeren

Rot-grüne Fusion: Die Würze des Basilikums macht aus schlichten Erdbeeren ein spannendes Dessert

Für 2 Portionen: 1 250 g **Erdbeeren** waschen, abtropfen lassen, putzen und halbieren. ½ **Bio-Zitrone** waschen, die Hälfte der Schale mit einem Zestenreißer abschälen und fein hacken. 2 El Zitronensaft auspressen. 2 Stiele **Basilikum** fein schneiden. Zitronensaft, -schale und 2–3 Tl **Zucker** verrühren. Basilikum dazugeben, vorsichtig mit den Erdbeeren mischen. Ca. 15 Min. marinieren. **2** Inzwischen 150 ml **Schlagsahne** halb steif schlagen, dabei 1 Pk. **Vanillezucker** einrieseln lassen. Sahne zu den Erdbeeren servieren.

* **Zubereitungszeit:** 15 Minuten (plus Marinierzeit)
Pro Portion: 2 g E, 23 g F, 22 g KH = 312 kcal (1307 kJ)

Andalusische Erdbeeren

Sie sind in Urlaubsstimmung? Dann verpassen Sie den roten Lieblingen eine Prise Spanien!

Für 4 Portionen: 1 750 g **Erdbeeren** waschen, putzen und halbieren. 1 **Bio-Orange** heiß abwaschen, mit dem Sparschäler dünn schälen und die Schale in feine Streifen schneiden. Orangenschale, 4 El **Sherry** (fino) und 2 El **braunen Zucker** mit den Erdbeeren mischen und kalt stellen. **2** 50 g **Marzipanrohmasse** fein reiben und mit 200 ml **Schlagsahne** halb steif schlagen. Die Erdbeeren auf Schälchen verteilen, mit 20 g gerösteten **Mandelblättchen** bestreuen und mit Marzipansahne servieren.

* **Zubereitungszeit:** 20 Minuten **Pro Portion:** 5 g E, 23 g F, 26 g KH = 344 kcal (1441 kJ)

Curry-Spargel

Asiatische Aromen wie Curry und Kokos beleben den sehr bodenständigen Spargel – und den Stoffwechsel gleich mit

Für 2 Portionen:

- 500 g weißer Spargel
- 250 g Bundmöhren
- 1 Zwiebel
- 1 rote Chilischote
- 20 g Butter
- 2 El Currypulver
- 125 ml Gemüsefond
- 200 ml ungesüßte Kokosmilch
- 1–2 El Limettensaft
- Salz
- weißer Pfeffer
- 4 Schweinefilet-medaillons (à 60 g)
- 1 El Öl

1 Spargel und Möhren schälen. Holzige Enden vom Spargel abschneiden. Zwiebel würfeln. Chilischote halbieren, entkernen und würfeln.

2 Butter in einem Topf zerlassen, Zwiebeln und Chili darin andünsten. Spargel und Möhren dazugeben und ebenfalls kurz andünsten. Mit Curry bestreuen. Fond dazugießen, Gemüse zugedeckt bei mittlerer Hitze 12 Min. sanft garen. Kokosmilch dazugeben und offen 3 Min. kochen. Mit Limettensaft, Salz und Pfeffer würzen.

3 Inzwischen Schweinemedaillons salzen und pfeffern, evtl. auf Spieße stecken. In einer Pfanne im heißen Öl von jeder Seite 3–4 Min. braten und zum Gemüse servieren.

* **Zubereitungszeit:** 40 Minuten
Pro Portion: 32 g E, 33 g F, 11 g KH = 469 kcal (1966 kJ)

Waldmeister-Frischkäsetorte

Kühle Verheißung für warme Sommertage: Des Försters Leib- und Magentorte muss dank des simplen Keksbodens nicht gebacken werden

Für 14 Stücke:

- 100 g Butter (oder Margarine)
- 200 g Löffelbiskuits (oder Butterkekse)
- 1 Beutel Götterspeise mit Waldmeistergeschmack
- 100 g Zucker
- 200 g Doppelrahmfrischkäse
- 1 Pk. Vanillinzucker
- 1 Tl abgeriebene Bio-Limettenschale
- 5 El Limettensaft
- 750 g Erdbeeren
- 400 ml Schlagsahne
- ½ Pk. roter Tortenguss mit Erdbeergeschmack
- 3–4 Stiele Melisse

1 Das Fett bei milder Hitze in einem Topf schmelzen. Löffelbiskuits in einen Gefrierbeutel geben, mit einer Teigrolle fein zerstoßen und in eine Schüssel geben. Fett dazugeben und verkneten. Brösel in eine am Boden mit Backpapier ausgelegte Springform (24 cm Ø) drücken. 20 Min. kalt stellen.

2 Für die Creme das Götterspeisenpulver und 200 ml Wasser in einem Topf verrühren und 10 Min. quellen lassen. Dann mit 80 g Zucker leicht erwärmen, bis sich Götterspeisenpulver und Zucker aufgelöst haben, dabei jedoch nicht aufkochen. Frischkäse, Vanillinzucker, Limettenschale und -saft gut verrühren. Die Götterspeisenmischung unterrühren und kalt stellen. 250 g Erdbeeren fein würfeln.

3 Wenn die Creme fest zu werden beginnt, Sahne steif schlagen und mit den Erdbeerwürfeln unter die Creme heben. Auf den Bröselboden streichen und über Nacht kalt stellen. Restliche Erdbeeren putzen, halbieren und auf den Kuchen legen. Tortenguss mit 125 ml Wasser und 20 g Zucker verrühren, aufkochen, über die Erdbeeren geben und erneut 20 Min. kalt stellen. Aus der Form lösen und mit Melisseblättchen garnieren.

* **Zubereitungszeit:** 45 Minuten (plus Kühlzeiten)
Pro Stück: 5 g E, 20 g F, 20 g KH = 285 kcal (1185 kJ)

Spargeloni

Alles passt rein: Cannelloni können Sie mit vielen Zutaten füllen – aber köstlicher als mit Spargelstangen und Schinken geht es kaum

Für 2 Portionen: 1 8 schlanke **Spargelstangen** (350 g) schälen und die holzigen Enden abschneiden. 4 Scheiben **gekochten Schinken** (120 g) mit je 2 Tl **Doppelrahmfrischkäse** bestreichen. Schinkenscheiben halbieren und je 1 Spargelstange fest in eine Hälfte wickeln. Rollen in je 1 **Cannelloni** stecken und in eine gefettete Auflaufform legen. **2** 2 **Frühlingszwiebeln** putzen und waschen. Das Weiße und Hellgrüne in feine Ringe schneiden und in 1 El heißem **Öl** andünsten. 250 g **Pizzatomaten** (Dose) und 150 ml **Schlagsahne** zugeben und aufkochen. Blättchen von 3 Stielen **Basilikum** in Streifen schneiden, unter die Sauce heben und mit Salz und Pfeffer abschmecken. **3** Sauce über die Cannelloni gießen und im vorgeheizten Ofen bei 180 Grad (Umluft 160 Grad) auf der 2. Schiene von unten 30–35 Min. backen. Nach 20 Min. mit 125 g gewürfeltem **Mozzarella** bestreuen und fertig backen.

* **Zubereitungszeit:** 1 Stunde **Pro Portion:** 38 g E, 53 g F, 50 g KH = 839 kcal (3514 kJ)

Lengfisch mit Spargelsalat

Geniale Dinge sind einfach – wie dieser gebratene Lengfisch auf lauwarmem Spargelsalat mit Kerbel-Honig-Vinaigrette

Für 2 Portionen: 1 300 g **grünen Spargel** waschen und das untere Drittel abschneiden. Spargel in feine Scheiben schneiden. 2 Min. in Salzwasser kochen, abgießen, abschrecken und abtropfen lassen. **2** 1 **rote Zwiebel** fein würfeln, im Sieb 1 Min. in heißes Wasser tauchen. Mit 5 El **Öl**, 2–3 El **Zitronensaft**, Salz, Pfeffer und 1 Tl **Honig** verrühren. Spargel hineingeben und kurz marinieren. Mit Salz und Pfeffer würzen. 1 Tl gehackten **Kerbel** untermischen. **3** 2 **Lengfischfilets** (à 175 g) salzen, in **Mehl** wenden und bei mittlerer Hitze in 1 El **Öl** von beiden Seiten 3–4 Min. braten. Auf dem Spargelsalat servieren.

* **Zubereitungszeit:** 30 Minuten **Pro Portion:** 36 g E, 31 g F, 13 g KH = 478 kcal (2002 kJ)

Erdbeer-Shortcake

Von wegen kurz: Mit Erdbeeren und Sahne geschichtet, bleibt dieses Gebäck lange in Erinnerung!

Für 6 Stück:

- 400 g Mehl
- 50 g Polenta
- 11 El Zucker
- Salz
- 4 Tl Backpulver
- 150 g kalte Butter
- 1 Ei (Kl. M)
- 150 ml Milch
- 1 kg Erdbeeren
- 1–2 El Zitronensaft
- 500 ml Schlagsahne

1 Mehl, Polenta, 5 El Zucker, 1 Prise Salz und Backpulver gut mischen. Butter in kleinen Stücken untermengen. Die Masse mit den Fingern zügig verreiben, sodass feine Krümel entstehen. Ei und Milch, bis auf 1 El, verquirlen, dazugeben und rasch zu einem glatten Teig kneten.

2 Teig zu einem Rechteck (30 x 20 cm) ausrollen. In 6 Quadrate (à 10 x 10 cm) schneiden. Auf ein mit Backpapier ausgelegtes Blech geben. Den Teig mit 1 El Milch bestreichen. Im vorgeheizten Ofen bei 200 Grad (Umluft 180 Grad) auf der 2. Schiene von unten 15 Min. backen. Auf einem Kuchengitter auskühlen lassen.

3 Erdbeeren in 3–4 mm dicke Scheiben schneiden. Mit 4 El Zucker und Zitronensaft mischen. 30–45 Min. im Kühlschrank marinieren.

4 Sahne und 2 El Zucker steif schlagen. Shortcakes quer in Hälften schneiden. Erdbeeren in ein Sieb geben, Marinade auffangen und die Schnittflächen der Shortcakes damit tränken. Jeweils ¾ der Beeren und der Sahne auf die Hälfte der Shortcakes verteilen. Deckel aufsetzen, mit restlichen Beeren und Sahne garniert sofort servieren.

* **Zubereitungszeit:** 35 Minuten (plus Marinierzeit)
Pro Stück: 13 g E, 50 g F, 93 g KH = 888 kcal (3709 kJ)

Erbsen-Spargel-Pilaw

Wunderbar leicht und frisch: Reis mit knapp gegartem weißem Spargel, Erbsen und Kräuterbutter

Für 2 Portionen:

- 1 Schalotte
- 200 g weißer Spargel
- 10 g Butter
- 125 g 10-Minuten-Reis
- 250 ml Geflügelbrühe (Instant)
- 100 g TK-Erbsen
- 25 g Kräuterbutter
- 1 El gehackter Kerbel
- Salz
- Pfeffer

1 Schalotte fein würfeln. Spargel schälen, die holzigen Enden abschneiden. Stangen in Stücke schneiden. Köpfe ganz lassen.

2 Butter in einem Topf erhitzen, Schalotten darin glasig dünsten. Spargelstücke und Reis dazugeben, unter Rühren kurz dünsten. Mit der Brühe auffüllen. Zum Kochen bringen und zugedeckt bei milder Hitze 12 Min. quellen lassen. 4 Min. vor Ende der Garzeit die Erbsen dazugeben.

3 Kräuterbutter und Kerbel unter den Reis mischen, salzen und pfeffern.

* **Zubereitungszeit:** 30 Minuten
Pro Portion: 10 g E, 15 g F, 58 g KH = 411 kcal (1723 kJ)

SPARGEL-TIPPS
Frische ist das Wichtigste für den Spargelgenuss: Man erkennt sie an glatten, prallen Stangen, die „klingen", wenn man sie aneinanderschlägt. Weißer Spargel wird vom Kopf an geschält, bei grünem genügt das untere Drittel. Danach schneidet man die Enden so weit ab, bis der holzige Teil entfernt ist.

Erdbeer-Mousse

Sahniges Sommerdessert: nur ganz wenige Zutaten und ganz wenige Handgriffe – und höchster Genuss ist Ihnen sicher!

Für 4 Portionen: 1 3 Blatt **weiße Gelatine** in kaltem Wasser einweichen. 500 g **Erdbeeren** waschen, abtropfen lassen, putzen und vierteln. Mit 4 El **Zucker** und 4 cl **Orangenlikör** pürieren. 6 El Erdbeerpüree für die Garnitur beiseitestellen. Gelatine nach Packungsanweisung auflösen. Erst mit 4 El Erdbeerpüree verrühren, dann unter das restliche Püree rühren. Masse 10 Min. kalt stellen. **2** Inzwischen 150 ml **Schlagsahne** steif schlagen. Sobald die Erdbeermasse zu gelieren beginnt, nochmals durchrühren, dann die Sahne unterheben. Creme in 4 Schalen geben und mind. 1 Std. kalt stellen. Mit dem Erdbeerpüree servieren.

* **Zubereitungszeit:** 25 Minuten (plus Kühlzeiten)
  Pro Portion: 1 g E, 11 g F, 32 g KH = 258 kcal (1080 kJ)

Erdbeer-Gratin

Die saftigen Erdbeeren haben eine Haube aus Eiern, Zucker und Mehl, die durch abgeriebene Limettenschale ein süß-säuerliches Aroma bekommt

Für 4 Portionen: 1 500 g **Erdbeeren** waschen, putzen und halbieren, große Früchte vierteln. Erdbeeren in 4 Förmchen (à ca. 10 cm Ø) oder eine große Auflaufform (ca. 30 x 20 cm) geben. **2** 2 **Eier** (Kl. M) trennen. Eiweiße und 1 Prise Salz mit den Quirlen des Handrührers steif schlagen, 4 El **Zucker** und 1 Tl abgeriebene **Bio-Limettenschale** einrieseln lassen und 3 Min. weiterschlagen. Eigelbe kurz unterrühren. 3 Tl **Mehl** auf die Masse sieben und mit dem Schneebesen vorsichtig unterheben. **3** Die Masse über den Erdbeeren verteilen. Im vorgeheizten Ofen bei 220 Grad auf der mittleren Schiene 10–15 Min. goldbraun überbacken (Umluft nicht empfehlenswert).

Zubereitungszeit: 35 Minuten **Pro Portion:** 5 g E, 3 g F, 29 g KH = 177 kcal (744 kJ)

Minutensteaks mit Spargel

Fix aufgetischt: Ein bunter Salat aus grünem Spargel, Tomaten, Mozzarella und Basilikum ist der perfekte Begleiter für das Steak

Für 2 Portionen:

- 500 g grüner Spargel
- 250 g Strauchtomaten
- 1 Kugel Mozzarella (125 g)
- 4 Stiele Basilikum
- 4 El Olivenöl
- 1 El Balsamico bianco
- Salz
- Pfeffer
- 1 Zwiebel
- Zucker
- 4 Rinderfilet-Minutensteaks (à 70 g)

1 Das untere Drittel des Spargels schälen und die holzigen Enden abschneiden. Stangen schräg in ca. 3 cm lange Stücke schneiden.

2 Tomaten vierteln, entkernen, klein würfeln. Mozzarella abgießen, klein würfeln. Basilikumblätter von den Stielen zupfen. ⅔ grob hacken, den Rest beiseitelegen. Alles mit 2 El Öl, Essig, etwas Salz und Pfeffer mischen.

3 1 El Öl erhitzen, Spargel darin 5–7 Min. braten. Zwiebel fein würfeln, kurz mitbraten. Mit Salz, Pfeffer und etwas Zucker würzen und herausnehmen. Pfanne auswischen. 1 El Öl stark erhitzen. Steaks darin von jeder Seite 1–2 Min. scharf anbraten. Mit Salz und Pfeffer würzen. Mit dem Spargel, der Tomaten-Salsa und den restlichen Basilikumblättchen servieren.

* **Zubereitungszeit:** 25 Minuten
  Pro Portion: 46 g E, 38 g F, 11 g KH = 576 kcal (2420 kJ)

Erdbeergelee

Der Klassiker ist unschlagbar? Dann kosten Sie mal diese verschärfte Version mit Chili – und Ihnen kommt nichts anderes mehr aufs Brot!

Für 5 Gläser à 250 g:

2,5 kg Erdbeeren

1 rote Chilischote

500 g Gelierzucker (2:1)

1 Pk. Zitronensäure

1 Erdbeeren waschen, putzen und in einen Topf geben. 100 ml Wasser zufügen. Chilischote entkernen, klein schneiden und zu den Erdbeeren geben.

2 Erdbeeren bei mittlerer Hitze aufkochen und zugedeckt 10 Min. bei milder Hitze köcheln lassen. Erdbeeren in ein mit einem Mulltuch ausgelegtes Sieb geben und sehr gründlich abtropfen lassen, dabei den Saft in einer Schüssel auffangen. Früchte mithilfe des Tuchs gut ausdrücken. Den Saft abkühlen lassen.

3 900 ml Erdbeersaft abmessen und in einen großen Topf gießen. Gelierzucker und Zitronensäure untermischen, unter Rühren aufkochen und 3 Min. sprudelnd kochen.

4 Gelee abschäumen und sofort randvoll in saubere Twist-off-Gläser füllen, verschließen und 5 Min. auf den Deckel stellen. Umdrehen und vollständig abkühlen lassen.

* **Zubereitungszeit:** 30 Minuten
Pro Tl: 0 g E, 0 g F, 4 g KH = 16 kcal (70 kJ)

SAFT IM GLAS
Erdbeergelee gibt es meist nur in Feinkostgeschäften. Wie alle Gelees wird es nur aus dem klaren Saft der Früchte hergestellt – im Gegensatz zur Konfitüre, die man aus ganzen Früchten macht.

Frittierte Eier mit Spargel

Spargelgenuss der anderen Art: Verpassen Sie den Eiern einen Mantel, der im heißen Fett ganz schnell knusprig wird

Für 2–4 Portionen:

- 2 kleine Schalotten
- 5 Stiele Kerbel
- 1 Tl scharfer Senf
- 1 El Himbeeressig
- 1 Tl Zucker
- Salz
- Pfeffer
- 2 El Walnussöl
- 2 El Olivenöl
- 750 g grüner Spargel
- 5 Eier (Kl. M)
- 100 g Mehl
- 100 g Semmelbrösel
- 1 l Frittierfett

1 Schalotten und Kerbel fein hacken. Mit Senf, Essig, Zucker, Salz und Pfeffer verrühren. Walnussöl und Olivenöl dazugeben und gründlich verrühren.

2 Spargel putzen, das untere Drittel schälen und die holzigen Enden abschneiden. In kochendem Salzwasser 6 Min. garen, abtropfen lassen. Vinaigrette sofort darübergeben und den Spargel darin ziehen lassen.

3 4 Eier anstechen, in kochendes Wasser geben, 3 Min. kochen, abschrecken und pellen.

4 1 Ei verquirlen. Die gekochten Eier im Mehl wenden, überschüssiges Mehl abklopfen. Dann durch das verquirlte Ei ziehen und in den Semmelbröseln wälzen. Nochmals durch Ei und Brösel ziehen und auf einen mit Semmelbröseln bestreuten Teller legen.

5 Das Frittierfett in einer Fritteuse oder einem Topf auf 180 Grad erhitzen. Die Eier ca. 2 Min. knusprig frittieren. Auf Küchenpapier abtropfen lassen und mit dem Spargel servieren.

* **Zubereitungszeit:** 40 Minuten
Pro Portion (bei 4): 13 g E, 29 g F, 19 g KH = 390 kcal (1637 kJ)

Gratinierte Erdbeeren

Äußerste Raffinesse: Der Marzipanschaum wird locker und fluffig, die Erdbeeren sind aromatisch und heiß, aber noch nicht weich

Für 4 Portionen: 1 400 g kleine **Erdbeeren** waschen und putzen, mit 2 El **Erdbeerlikör** mischen. In 4 kleine Auflaufförmchen oder eine große Form (ca. 30 cm Länge) setzen. 100 g **Marzipanrohmasse** grob raspeln, mit 2 **Eigelb** (Kl. M) und 1 El **Zucker** mit den Quirlen des Handrührers sehr cremig rühren. **2** 2 **Eiweiß** (Kl. M) mit 1 Prise Salz steif schlagen, dabei 2 El **Zucker** einrieseln lassen und 2 Min. weiterschlagen, unter die Marzipanmasse heben. Über die Erdbeeren verteilen. Im vorgeheizten Ofen bei 200 Grad auf der 2. Schiene von oben 8–10 Min. gratinieren (Umluft nicht empfehlenswert). Mit **Puderzucker** bestäuben.

* **Zubereitungszeit:** 25 Minuten **Pro Portion:** 8 g E, 12 g F, 36 g KH = 298 kcal (1250 kJ)

Gebackene Erdbeeren

Erdbeeren an sich sind ja schon unwiderstehlich. Aber mit einem knusprigen Teigmäntelchen sind sie die Krönung aller Desserts

Für 2 Portionen: 1 250 g **Erdbeeren** waschen und auf Küchenpapier sehr gut abtropfen lassen. **2** 500 ml **Sonnenblumenöl** in einem kleinen Topf erhitzen. 1 **Ei** (Kl. M), 75 ml **Schlagsahne**, 1 El **Zucker**, 3 El **Mehl**, ½ Tl **Backpulver** und 1 Msp. frisch geriebene **Muskatnuss** verrühren. **3** Erdbeeren vorsichtig am Grün anfassen und in den Teig tauchen. Im heißen Öl portionsweise 1–2 Min. frittieren. **4** Mit einer Schaumkelle herausheben. Auf Küchenpapier kurz abtropfen lassen. Mit **Puderzucker** bestäuben und noch heiß servieren.

* **Zubereitungszeit:** 30 Minuten **Pro Portion:** 8 g E, 40 g F, 44 g KH = 570 kcal (2388 kJ)

Gerollte Spargelschnitzel

Pures Vergnügen: weißer und grüner Spargel, ummantelt von magerem Putenfleisch. Statt Hollandaise gibt es eine leichte Joghurtsauce

Für 2 Portionen:

- 8 mitteldicke Stangen weißer Spargel
- 8 Stangen grüner Spargel
- 1 Tl Zucker
- Salz
- 150 g Sahnejoghurt
- 5 El Schlagsahne
- ½ Tl abgeriebene Bio-Zitronenschale
- 1 Tl Zitronensaft
- Pfeffer
- 2 El Schnittlauchröllchen
- 2 dünne Putenschnitzel (à 120 g)
- ½ Tl edelsüßes Paprikapulver
- 1 El Butterschmalz

1 Weißen Spargel ganz, grünen nur im unteren Drittel schälen, holzige Enden abschneiden. Weißen Spargel und Zucker in reichlich kochendes Salzwasser geben. Zugedeckt bei milder Hitze 12 Min. kochen, nach 5 Min. den grünen Spargel zugeben. Spargel herausheben, abschrecken und abtropfen lassen.

2 Joghurt, Sahne, Zitronenschale und -saft verrühren. Mit Salz und Pfeffer abschmecken. Schnittlauch unterrühren.

3 Putenschnitzel einzeln zwischen Klarsichtfolie mit einem Stieltopf flach klopfen. Rundherum mit Salz, Pfeffer und Paprikapulver würzen. Schnitzel längs halbieren. Je 2 weiße und grüne Spargelstangen in 1 Schnitzelhälfte schräg einrollen und mit Küchengarn zusammenbinden.

4 Butterschmalz in einer großen Pfanne erhitzen. Spargelschnitzel darin bei starker Hitze rundherum braun anbraten und bei milder Hitze 5 Min. weiterbraten, dabei gelegentlich wenden. Mit der Joghurtsauce servieren.

* **Zubereitungszeit:** 45 Minuten
Pro Portion: 35 g E, 23 g F, 7 g KH = 387 kcal (1623 kJ)

Erdbeerherz

Wer behauptet, ein Kuchen sei eine komplizierte Angelegenheit, liegt falsch. Den hier schaffen selbst harte Jungs – und Mutti freut sich!

Für 10–12 Stücke:

1 Pk. Blätterteig (275 g, Kühlregal, fertig in Blechgröße ausgerollt; oder TK-Blätterteig)

80 g Erdbeerkonfitüre

150 g weiße Kuvertüre

1 kg Erdbeeren

1 Aus der Blätterteigplatte ein großes Herz von ca. 30 x 25 cm Größe ausschneiden. Aus dem restlichen Teig kleine Herzen ausstechen. (TK-Blätterteig auftauen lassen, auf einer bemehlten Arbeitsfläche 30 x 25 cm groß ausrollen und wie oben verarbeiten.)

2 Großes Herz mehrfach mit einer Gabel einstechen. Mit den kleinen Herzen auf ein mit Backpapier ausgelegtes Blech legen. Im vorgeheizten Ofen bei 200 Grad (Umluft 180 Grad) auf der 2. Schiene von unten 12–14 Min. backen. Kleine Herzen nach ca. 8 Min. herausnehmen. Abkühlen lassen.

3 Konfitüre leicht erwärmen und auf das große Herz streichen. Kuvertüre hacken und im heißen Wasserbad vorsichtig schmelzen. Erdbeeren waschen und putzen.

4 Erdbeeren in die Kuvertüre tauchen und dicht an dicht auf das große Herz setzen. Kleine Herzen auf das große Herz setzen. Die restliche Kuvertüre mit einem Löffel über die Erdbeeren und die kleinen Herzen sprenkeln und fest werden lassen.

* **Zubereitungszeit:** 40 Minuten (plus Kühlzeit)
Pro Stück (bei 12): 2 g E, 9 g F, 22 g KH = 186 kcal (777 kJ)

Spargelcremesuppe

Die feinste Vorsuppe, die der Frühling uns bieten kann – mit dem ganzen Aroma des frischen Spargels, mit knusprigem Schinken und Basilikum

Für 4 Portionen: 1 1 kg **weißen Spargel** schälen. Schalen waschen, mit 30 g **Butter** und 1 Tl **Zucker** in 1 l Salzwasser geben, langsam aufkochen und offen bei milder Hitze 15 Min. ziehen lassen. Die Spargelstangen in Scheiben schneiden, die Köpfe längs halbieren und beiseitelegen. 250 g **Kartoffeln** schälen und würfeln. **2** Spargelbrühe durch ein Sieb gießen, mit Kartoffeln und Spargelscheiben erneut aufkochen, zugedeckt bei mittlerer Hitze 15–20 Min. kochen. Dann sehr fein pürieren. Mit 200 ml **Schlagsahne** und den Spargelspitzen erneut aufkochen und 8 Min. köcheln lassen. Mit Salz, Pfeffer, Zucker und **Zitronensaft** abschmecken. **3** 2 Scheiben **Parmaschinken** dritteln, in 1 El **Öl** in einer beschichteten Pfanne knusprig ausbraten. 8 **Basilikumblätter** in feine Streifen schneiden. Suppe mit Schinken und Basilikum anrichten.

Zubereitungszeit: 55 Minuten **Pro Portion:** 7 g E, 25 g F, 16 g KH = 312 kcal (1313 kJ)

Spargelsalat mit Vanille

Ideen muss man haben: Einem frischen Spargelsalat verleiht Vanillemark die besondere Note

Für 2 Portionen: 1 500 g **weißen Spargel** schälen, holzige Enden abschneiden und die Stangen bis 4 cm vor den Köpfen schräg in ½ cm dünne Scheiben schneiden. Spargelköpfe längs halbieren. **2** 1 **Bio-Limette** heiß waschen, trocknen und 1 Tl Schale fein abreiben. 4 El Limettensaft auspressen. 3 **Vanilleschoten** längs halbieren und das Mark herauskratzen. Vanillemark, 3 El Wasser, Limettensaft und -schale, 4 Tl **Honig**, Salz und Pfeffer verrühren. 4 El **Olivenöl** unterrühren und die Marinade mit dem Spargel mischen. 150 g **Kirschtomaten** vierteln und unterheben. **3** 350 g kleine **Kartoffeln** waschen und mit Salzwasser bedeckt zugedeckt aufkochen. Bei milder Hitze 15–20 Min. kochen. Kartoffeln abgießen, kurz ausdämpfen lassen, pellen, vierteln und unter den Spargel heben. **4** Blättchen von 12 Stielen **Kerbel** abzupfen, unter den Spargelsalat heben und sofort servieren.

* **Zubereitungszeit:** 45 Minuten **Pro Portion:** 7 g E, 20 g F, 40 g KH = 383 kcal (1613 kJ)

Erdbeersonne

Kaffeeklatsch für Eilige: fertige Tartelettes mit Schmandpudding füllen, mit Beeren belegen – fertig!

Für 4 Stück:

300 ml Vollmilch

1 Pk. Vanille-puddingpulver

3 El Zucker

250 g Erdbeeren

100 g Schmand

4 Mürbeteig-Tartelettes

50 g weiße Kuvertüre

1 200 ml Milch aufkochen. 100 ml Milch mit Puddingpulver und Zucker verrühren und unter Rühren in die kochende Milch gießen. Unter kräftigem Rühren erneut aufkochen und die Puddingmasse in eine Schüssel geben. Unter Rühren abkühlen lassen.

2 Erdbeeren waschen, putzen und längs in Scheiben schneiden. Schmand unter den abgekühlten Pudding rühren.

3 Die Puddingcreme in einen Spritzbeutel mit großer Lochtülle füllen und auf die Tartelettes spritzen. Mit den Erdbeeren fächerförmig belegen. Von der Kuvertüre am besten mit einem Sparschäler einige Locken abschälen und über den Erdbeeren verteilen.

* **Zubereitungszeit:** 35 Minuten (plus Kühlzeit)
Pro Stück: 5 g E, 19 g F, 49 g KH = 396 kcal (1659 kJ)

TARTELETTES
Eine zeitsparende Alternative zum selbst gemachten Mürbeteig sind fertige Miniböden (Tartelettes) vom Bäcker oder aus dem Supermarkt. Liebevoll belegt, zieren sie jede Kaffeetafel.

Spargelsäckchen

Überraschung aus dem Ofen: Spargel, feinen Ricotta und allerhand Gewürze zusammen verpackt in einem Säckchen

Für 4 Portionen:

- 500 g grüner Spargel
- 1 Schalotte
- 20 g getrocknete Tomaten (ohne Öl)
- 3 Stiele Estragon
- 20 g Butter
- 1 Tl abgeriebene Bio-Limettenschale
- 4 Tl Limettensaft
- 150 g Ricotta
- 2 Eigelb (Kl. M)
- 2 El frisch geriebene Semmelbrösel
- Salz
- Pfeffer
- 1 Pk. ausgerollter Blätterteig (275 g, Kühlregal)
- 1 Eiweiß (Kl. M)
- 4 mittelgroße Tomaten
- 4 Tl Olivenöl

1 Vom Spargel das untere Drittel schälen, die Enden abschneiden. Spargel schräg in 3 mm dicke Stücke schneiden. Schalotte fein würfeln. Getrocknete Tomaten sehr fein würfeln. Estragonblättchen fein schneiden. Butter erhitzen, Schalotten und ⅔ vom Spargel darin anbraten, etwas abkühlen lassen.

2 Estragon, Limettenschale, 2 Tl Limettensaft, Ricotta, Eigelbe, Semmelbrösel, gewürfelte Tomaten, Salz und Pfeffer mischen. Angebratenen Spargel zugeben.

3 Blätterteig entrollen, längs und quer halbieren. 4 Mulden eines Muffinblechs mit je 1 Teigstück auslegen, Spargelmasse einfüllen. Überstehende Teigränder zusammendrücken. Mit Eiweiß bestreichen und im vorgeheizten Ofen bei 200 Grad (Umluft 180 Grad) auf der 2. Schiene von unten 25–30 Min. goldgelb backen.

4 Tomaten kurz in kochendem Wasser blanchieren, häuten, in dünne Scheiben schneiden und auf 4 Teller verteilen. Restlichen Spargel darübergeben. Olivenöl, 2 Tl Limettensaft, Salz und Pfeffer verrühren. Über Tomaten und Spargel träufeln. Spargelsäckchen vorsichtig aus der Form heben, auf die Tomaten setzen und sofort servieren.

* **Zubereitungszeit:** 50 Minuten
Pro Portion: 12 g E, 32 g F, 34 g KH = 484 kcal (2029 kJ

Erdbeersüppchen

Für ein Dessert lange in der Küche stehen ist nicht Ihre Sache? Dann ist dieses fruchtige Süppchen genau das Richtige für Sie!

Für 2 Portionen: 1 500 g **Erdbeeren** putzen. 4 Erdbeeren in Spalten schneiden, die restlichen Beeren mit 4 El **Puderzucker** und 100 ml **Orangensaft** in ein hohes Gefäß geben, mit dem Schneidstab pürieren und durch ein feines Sieb streichen. 2 El **Mascarpone** und 1 El flüssigen **Honig** glatt rühren. **2** Erdbeerpüree und Erdbeerstücke in Dessertgläser füllen. Mascarpone in teelöffelgroßen Portionen zugeben. Mit **Honig** beträufeln und mit **Zitronenmelisse** verzieren.

* **Zubereitungszeit:** 20 Minuten **Pro Portion:** 3 g E, 10 g F, 45 g KH = 302 kcal (1266 kJ)

Erdbeersalat

Erfrischung gefällig? In Zitronensirup marinierte Erdbeeren mit Schlagsahne – leichter und leckerer kann man ein Menü nicht abschließen

Für 4 Portionen: 1 Von ½ **Bio-Zitrone** die Schale abreiben und 3 El Saft auspressen, beides mit 100 ml Wasser und 30 g **braunem Zucker** aufkochen. ½ **Bio-Zitrone** in dünne Scheiben schneiden, in den Sirup legen und abkühlen lassen. **2** 400 g **Erdbeeren** waschen, putzen und in Scheiben schneiden. Auf Tellern anrichten, mit dem Sirup beträufeln und ca. 20 Min. marinieren. 150 ml **Schlagsahne** halb steif schlagen, mit etwas **braunem Zucker** bestreut zu den marinierten Erdbeeren servieren.

* **Zubereitungszeit:** 20 Minuten (plus Abkühl- und Marinierzeit)
Pro Portion: 1 g E, 11 g F, 16 g KH = 181 kcal (759 kJ)

Röststpargel

Grüne Stangen, die im Ofen rösten und von Kräuterbröseln bedeckt sind: Testen Sie doch einmal diesen ganz anderen Spargelgenuss

Für 2 Portionen:

1 kg grüner Spargel

2 El Olivenöl

Salz

Pfeffer

½ Bund glatte Petersilie

40 g weiche Butter

1 Tl abgeriebene Bio-Zitronenschale

2–3 El Semmelbrösel

8 El Weißwein

100 ml Gemüsebrühe

1 Ein Blech im Ofen bei 210 Grad auf der 2. Schiene von oben vorheizen. Spargel nur im unteren Drittel schälen, holzige Enden abschneiden. Öl auf dem heißen Blech zerlaufen lassen, Spargel daraufgeben, salzen und pfeffern. Spargel 8 Min. rösten, Stangen dabei einmal wenden.

2 Inzwischen die Petersilienblättchen abzupfen und hacken. Mit Butter, Zitronenschale, Semmelbröseln, Salz und Pfeffer verkneten, kalt stellen.

3 Wein und Brühe mischen und über den Spargel gießen. Weitere 8 Min. schmoren. Stangen dabei gelegentlich mit dem Sud bestreichen. Kräuterbrösel über den Spargel krümeln und weitere 3–5 Min. garen.

* **Zubereitungszeit:** 35 Minuten
Pro Portion: 6 g E, 23 g F, 12 g KH = 297 kcal (1251 kJ)

Erdbeer-Burger

Sieht der gut aus! Zwischen zwei Biskuittaler kommen Erdbeeren und Vanillecreme. Ein Burger, den man mit der Gabel essen sollte

Für 6 Stück:

- 4 Eier (Kl. M, getrennt)
- Salz
- 120 g Zucker
- 1 Pk. Vanillezucker
- 100 g Mehl
- ½ Tl Backpulver
- 2 El Sesamsaat
- 400 g Erdbeeren
- 2 El Zitronensaft
- 1 Pk. Dessertsaucenpulver Vanille (ohne Kochen)
- 300 ml Schlagsahne
- 2 Tl Puderzucker

1 Eiweiße und 1 Prise Salz steif schlagen, dabei 80 g Zucker einrieseln lassen und 3 Min. weiterschlagen, bis ein cremig-fester Eischnee entsteht. Eigelbe und Vanillezucker kurz unterrühren. Mehl und Backpulver daraufsieben und vorsichtig unterheben.

2 Teig ausrollen, 12 Kreise von 8 cm Ø aussstechen, auf 2 mit Backpapier ausgelegte Bleche geben. Kreise mit Sesam bestreuen. Nacheinander im vorgeheizten Ofen bei 200 Grad (Umluft 180 Grad) auf der 2. Schiene von unten 10–12 Min. backen. Abkühlen lassen. Die Erdbeeren waschen und putzen. 200 g Erdbeeren, Zitronensaft und 20 g Zucker fein pürieren, mit dem Dessertsaucenpulver gut verrühren.

3 Übrige Erdbeeren längs in Scheiben schneiden, mit 20 g Zucker mischen. Sahne steif schlagen und das Erdbeerpüree nur locker unterziehen, sodass die Sahne marmoriert ist. Biskuittaler vom Papier lösen. Die Hälfte der Erdbeerscheiben, Erdbeersahne und übrige Erdbeerscheiben auf die Hälfte der Taler geben. Übrige Biskuittaler daraufsetzen. Mit Puderzucker bestäuben.

* **Zubereitungszeit:** 45 Minuten (plus Kühlzeit)
Pro Stück: 9 g E, 22 g F, 44 g KH = 408 kcal (1708 kJ)

Spargelröllchen

Wer diese Rollen auf dem Teller hat, braucht nichts anderes zum Glücklichsein. Höchstens nette Gesellschaft beim Essen

Für 4 Portionen:

- 1 kg grüner Spargel
- Salz
- 1 El Öl
- 8 Lasagneblätter
- 8 Scheiben Parmaschinken (80 g)
- 1 Bund Kerbel
- 100 ml Schlagsahne
- 1 Pk. Sauce hollandaise (250 ml)

1 Spargel waschen und nur das untere Drittel schälen, Enden abschneiden. Reichlich Salzwasser aufkochen, erst das Öl, dann einzeln die Lasagneblätter zugeben und 3 Min. kochen lassen. Nudelblätter mit einer Schaumkelle herausheben und in kaltem Wasser abschrecken.

2 Salzwasser erneut aufkochen, Spargel zugeben und bei milder Hitze 5 Min. kochen. Inzwischen die Nudelblätter trockentupfen und mit je 1 Scheibe Schinken belegen. Spargel herausheben, abschrecken und sehr gut abtropfen lassen.

3 Je 3–4 Spargelstangen in ein Lasagneblatt einrollen und in eine gefettete Auflaufform (35 cm Länge) legen. Kerbelblättchen abzupfen, hacken und mit der Sahne unter die Hollandaise heben. Über die Spargelröllchen gießen.

4 Im vorgeheizten Ofen bei 200 Grad (Umluft 180 Grad) auf der 2. Schiene von unten 12–15 Min. überbacken.

* **Zubereitungszeit:** 45 Minuten
Pro Portion: 11 g E, 26 g F, 27 g KH = 400 kcal (1672 kJ)

IMPRESSUM

Redaktion Monika Beer, Susanne Dickerhof-Kranz, Ulrike Hilgenberg, Antje Klein, Silke Propp-Frey, Sandra Rindchen, Wolfgang Robert Zahner
Artdirection Ricarda Fassio
Fotos Matthias Haupt, Ulrike Holsten

Rezepte Achim Ellmer (Ltg.), Jürgen Büngener, Diane Dittmer, Cornelia Dümling, Anne Haupt, Marion Heidegger, Anne Lucas, Kay-Henner Menge, Oliver Trific

Styling Isabel de la Fuente, Meike Graf, Anke Grelik, Antje Klein, Imke Mohr, Dörthe Schenk, Michaela Suchy, Tanja Trific, Tanja Wegener
Layout Mareike Basche
Bildbearbeitung MWW Repro GmbH
Projektleitung Alexander Schwerin
Sonderausgabe für den Bassermann Verlag, ein Unternehmen der Verlagsgruppe Random House GmbH, 81673 München

Gesamtherstellung Mohn Media Mohndruck GmbH, Gütersloh
Printed in Germany

FSC ©
Mix
Produktgruppe aus vorbildlich bewirtschafteten Wäldern und anderen kontrollierten Herkünften
www.fsc.org Zert.-Nr. SGS-COC-001425
© 1996 Forest Stewardship Council

Verlagsgruppe Random House FSC-DEU-0100
Das für dieses Buch verwendete FSC-zertifizierte Papier *Profibulk* wurde produziert von Sappi Alfeld und geliefert durch die IGEPA.

ISBN 978-3-8094-2680-6
817 2635 4453 6271